AF250382

EXTRAIT DU COMPTE-RENDU
de l'Académie des Sciences morales et politiques.

NOTICE

SUR LA

VIE DE M. A. COCHIN,

PARIS. — IMP. VICTOR GOUPY, RUE GARANCIÈRE, 5.

NOTICE

SUR LA

VIE DE M. AUGUSTIN COCHIN

LUE A L'ACADÉMIE DES SCIENCES MORALES ET POLITIQUES

DANS SES SÉANCES DES 13 ET 20 AVRIL 1872,

PAR

M. Eugène CAUCHY

PARIS

CHARLES DOUNIOL ET Cⁱᵉ, LIBRAIRES-ÉDITEURS

29, rue de Tournon, 29

1872

NOTICE

SUR LA

VIE DE M. A. COCHIN

LUE A L'ACADÉMIE DES SCIENCES MORALES ET POLITIQUES

Dans ses séances des 13 et 20 avril 1872.

Messieurs,

C'est, cette fois, parmi les plus jeunes d'entre nous qu'a moissonné la mort.

C'eût été, ce semble, à l'ami, au confrère que nous pleurons qu'il appartenait de conduire un jour notre deuil. Mais dans ces temps d'étranges bouleversements et de cruels mécomptes, où il faut se raidir à chaque instant contre la perte des biens qui paraissaient le mieux acquis, des gloires sur lesquelles nous pouvions le mieux compter, qui s'étonnerait de voir disparaître subitement à nos yeux une de ces natures d'élite qui leur offraient, hier encore, des sujets en apparence si rassurants de consolation et d'espérance.

Tout ce que nous aimions, tout ce que nous admirions dans M. Cochin n'était pour nous que le brillant début d'une longue et belle vie. Dieu en a jugé autrement. Il a trouvé mûr pour recevoir sa récompense celui qui nous semblait si bien préparé par ses études, par ses premiers travaux, et presque initié déjà par de nobles succès, à des œuvres plus hautes, à de plus vastes destinées.

Nos vœux l'y devançaient; notre imagination était pressée de voir notre France, si malheureuse, utiliser, quand le moment serait venu, pour ses plus importantes affaires, les services que pouvait lui rendre un fils si bien né.

C'était là, dirons-nous, notre ambition, ou notre rêve? C'est là ce qui causait, il y a quelques jours, à Versailles comme à Paris, cette surprise douloureuse, cette tristesse profondément sentie, dont les manifestations publiques s'associaient d'une manière si touchante à nos sympathiques regrets.

Et en effet, tout ce qu'il peut y avoir d'aspirations généreuses, de sentiments élevés, de volonté ferme et résolue dans un cœur d'homme, ne se trouvait-il pas dans celui dont les battements viennent de s'éteindre! Tout ce qu'il peut y avoir de foi vive, de virile espérance, d'ardente charité dans une âme chrétienne, ne

composait-il pas le trésor de celle que Dieu nous re-
tire pour lui faire contempler, sans voile, l'éternelle vérité que, quoi qu'on fasse, on n'aperçoit d'ici-bas qu'à
travers des ombres !

Le patriotisme et la foi, n'étaient-ce pas là les deux
mobiles qui ont animé la vie, si courte et cependant si
remplie, de M. Cochin, qui respiraient dans chacune
des paroles tombées de sa bouche, qui se lisent dans
chacun des écrits tracés par sa plume ?

Catholique et Français, comment séparer en lui ces
deux sentiments indivisibles qui se fortifiaient l'un
par l'autre ; ou plutôt ces deux gloires, ces deux
amours auxquels il tenait par toutes les fibres de son
cœur ?

Telle était la manière dont M. Cochin comprenait le
rôle historique, la mission providentielle de la France.
Au milieu de ces traits d'un caractère essentiellement
impressionnable et mobile, auxquels s'arrête trop souvent la foule des écrivains, au dessus de tout ce qui
change à chaque siècle, à chaque révolution, presque
à chaque jour, son œil clairvoyant avait discerné dans
nos Annales le trait essentiel, qui sous une forme ou sous
une autre, se reproduit à toutes les époques, imprime
au peuple français sa tendance, le suit au dehors
comme au dedans, prépare ses grands actes, inspire
ses grands hommes, se remarque enfin dans tout ce
qui porte le cachet de sa grandeur.

C'est, au témoignage d'un de nos historiens les plus populaires, le Catholicisme qui a été le foyer de notre France ; c'est lui, en effet, qui l'a transformée, qui l'a glorifiée, qui s'est profondément empreint dans son esprit, dans ses monuments, dans sa littérature, dans ses lois, dans ses mœurs.

M. Cochin était fier pour sa patrie que cette grandeur des destinées de la France se rattachât ainsi à une autre grande chose qui, elle aussi, avait traversé dix siècles sans rien perdre de son éclat et dont la France s'était faite dans l'ordre temporel le soutien et l'appui, sans y avoir rien laissé de son indépendance, de sa nationalité, de sa majesté. Il citait avec orgueil ces noms autour desquels se groupent les plus belles et les plus touchantes époques de notre histoire, Charlemagne, Jeanne d'arc, Saint-Louis, Louis XIV.

Le XIXe siècle lui-même n'avait-il pas vu le premier Consul, au moment où il s'agissait d'inaugurer une ère nouvelle de gloire pour la France, rendre hommage, en signant le Concordat, à la persistance de ce principe traditionnel de nos institutions françaises si intimement lié à nos vieilles croyances.

Aussi, quand pour servir de piédestal à l'unité factice de l'Italie, l'humiliation de la Papauté par la spoliation violente de son domaine temporel vint menacer cette œuvre sainte, au maintien de laquelle l'influence légitime de la France semblait aussi intéressée que son

honneur, quel ne fut pas le cri d'alarme jeté par l'E-
piscopat français et auquel firent écho toutes les poi-
trines qui sentaient comme M. Cochin le zèle de cette
grande cause enflammer leur cœur ?

Comment n'aurait-il pas partagé ces craintes si élo-
quemment exprimées par son illustre ami dont la parole chaleureuse avait été l'une des premières à plaider,
dans la langue du droit public, devant l'opinion de
l'Europe et du monde entier, cette cause solennelle du
droit contre l'injustice, de la raison unie à la foi contre
la passion et la violence ?

A cet amour inné de son pays qui a toujours occupé
la première place dans son cœur, M. Cochin joignait
une autre affection généreuse qui n'était, pour ainsi
dire, que l'abrégé de la première, comme Paris n'est
lui-même qu'un abrégé de la France, et son histoire
depuis cent ans qu'un résumé de la grande histoire
française. La famille de M. Cochin, une des plus patriar-
cales et des plus distinguées de l'ancienne bourgeoisie
parisienne, avait conservé comme un titre de noblesse
son vieux nom, illustré, depuis plusieurs siècles, dans
des carrières à l'entrée desquelles nulle barrière privi-
légiée ne s'éleva jamais, le Barreau et l'Eglise. Les
célèbres plaidoyers d'Henry Cochin passaient de main
en main, au Palais, comme un de ces livres classiques
où l'on apprend l'art difficile de bien dire et la méthode
la plus logique pour disposer avec ordre les arguments

d'un procès, mais, avant tout, la science de plaider honnêtement de bonnes causes. Son buste est resté dans notre bibliothèque des avocats, pour leur proposer comme modèle une de ces vies consacrées tout entières à l'exercice d'une profession aussi libérale qu'honorée et dont l'éloquence, devenue l'émule de celle de la tribune parlementaire, est encore aujourd'hui l'une de nos gloires. A l'extrémité du faubourg Saint-Jacques, on lit le même nom inscrit au fronton d'un hôpital, où les malades aimaient à se rappeler sur leur lit de souffrance, comme les jeunes enfants sur leur banc d'école, d'un bienfaiteur qui avait été leur Curé. C'était un des traits particuliers de cette famille que ceux de ses membres dont le pauvre a surtout gardé la mémoire ont voulu habiter jusqu'à leur mort dans le quartier de la capitale le plus écarté du centre et le plus pauvre.

Augustin Cochin ne faisait donc que se conformer aux traditions de sa famille lorsqu'il réservait pour les classes parisiennes les plus délaissées, les plus abandonnées, les plus pauvres, je ne dirai pas la part la plus large de ses libéralités (car je contristerais sa modeste mémoire si je révélais après sa mort des secrets qu'il a si bien gardés pendant sa vie), mais la part la plus active de son zèle, la part la plus chaleureuse de son âme, l'œuvre élaborée avec le plus de soin, le fruit le plus mûr de son talent.

N'est-ce pas lui, en effet, qui, en tête d'un livre de
onférences et de *Lectures* destinées au peuple, a écrit
ette phrase si libérale : « *Savez-vous ce que le peuple
ime le mieux? Tout simplement, les plus belles idées
ans le plus beau langage.* » Et il en donnait aussitôt la
aison : « *Deux cordes sensibles, la corde haute et la
orde basse, vibrent dans le cœur de tous les hommes.
'orateur est le maître de faire, selon qu'il le veut,
ésonner l'une ou l'autre.* »

Quelle que fût la classe d'auditeurs à laquelle s'a-
ressât M. Cochin, il n'a jamais cessé de se conformer
cette noble maxime : *Relever les âmes, pour faire ai-
ler Dieu, le devoir et la patrie.*

Heureux l'écrivain qui peut se rendre ce témoignage :
'ai uniquement consacré ma parole à la propagation
es plus hautes idées que j'aie pu atteindre, à la re-
ommée des plus admirables vies qu'il m'ait été donné
e connaître.

Parmi ces nobles vies dont le tableau a été tracé
'une manière si touchante par M. Cochin, qui ne se
appellerait celle du comte de Montalembert? Qui pour-
ait oublier ces impressions saisissantes d'une impro-
isation que recueillait avec tant d'avidité un auditoire
ussi sympathique que douloureusement ému; ces dif-
cultés du sujet surmontées par d'heureux mouvements
e la pensée, et cet entraînement d'illusions généreuses
ui, dominant tout autre sentiment, électrisait les cœurs,

quand on leur parlait de patriotisme, d'indépendance, de liberté !

Et comment n'auraient-ils pas été sympathiques à l'orateur ceux qui reconnaissaient avec nous dans sa belle âme quelques-unes de ces rares qualités qu'il dépeignait si bien, ce jour-là, dans le sujet de nos récentes douleurs : cette foi naïve et tendre comme celle d'un enfant, mais ferme et inébranlable comme un roc ; cette imagination mobile et ardente dont ils ont eu tous deux tant à souffrir, cet amour de l'art épuré par le sentiment chrétien, tout cela joint au don de l'éloquence la plus douce dans ses accents, la plus égale dans son cours, à une patience qu'aucune épreuve ne pouvait lasser, à un cœur sachant compatir à toutes les infortunes publiques ou privées, à un zèle que rien n'effrayait, et qui ne savait marchander à Dieu ni à la patrie aucun sacrifice.

Avec quelles suaves couleurs M. Cochin, au commencement de la vie du comte de Montalembert, nous dépeignait la scène attendrissante de la vocation de sa fille à la vie religieuse : un jour, son enfant charmante et chérie entre dans son cabinet de travail et lui dit : « Mon père, j'aime tout ; j'aime le monde, « j'aime le plaisir, l'esprit, la famille ; j'aime mes « études, mes compagnes, mon âge, ma vie ; j'aime « la France ; mais j'aime mieux Dieu, et je veux me « donner toute à lui. » Et comme son père lui disait :

Ma chère enfant, n'as-tu pas, à nous quitter ainsi,
quelque chagrin? » elle courut à sa bibliothèque, y
ercher l'*Histoire des Moines d'Occident*, et dit à son
re : « Vous m'avez appris qu'on n'offre pas à Dieu
des cœurs flétris et des courages fatigués. » Quelques
irs après, dans un humble sanctuaire, la famille as-
tait aux apprêts de l'hyménée. Le prêtre était à l'au-
, et l'épouse charmante et parée de fleurs d'oranger,
ec la robe de satin blanc et le voile de mariée, s'a-
nouillait, rayonnante et attendrie... Mais il n'y avait
s de fiancé. Le fiancé, c'était cet Époux invisible qui,
puis deux mille ans, s'est attaché tant d'âmes de
igt ans par des liens que rien ne peut rompre et les
attirées par un charme que rien ne saurait égaler.

A ce sacrifice de ses affections paternelles, à celui de
santé, de sa vie, que le comte de Montalembert avait
à offrir à Dieu, il n'a pas eu à joindre, du moins,
motion navrante des patriotiques douleurs dont l'âme
M. Cochin fut brisée à la vue des humiliations et des
sastres subis quelques mois après par la France.

Une autre de ces vies mémorables, que M. Cochin
vait si bien choisir pour les raconter devant un vaste
ditoire, et dans laquelle il fit aussi vibrer avec non
oins de succès la corde la plus haute des sympathies
pulaires, fut celle d'Abraham Lincoln, dernier pré-
lent des États-Unis.

Une double gloire restera attachée à ce nom qui

pour l'Amérique, marque à la fois la fin de la guerre civile où fut aboli l'esclavage et l'odieux assassinat du grand citoyen dont la politique ferme et loyale procura ce bienfait inestimable à l'humanité.

Parmi les maux qui ont le plus longuement et le plus lourdement pesé sur la race humaine, fut-il jamais rien de comparable à l'esclavage! Ce n'était pas seulement une oppression passagère ou locale sous laquelle gémissait telle ou telle caste, tel ou tel peuple. C'était la moitié du genre humain, quelquefois plus, violemment retranchée du nombre des hommes, pour être rangée dans la classe des vils animaux et des choses vénales à prix d'argent. Et ce qui ajoutait encore, s'il était possible, à cette violation inouïe de toutes les lois de la nature, c'est qu'à peine s'était-on aperçu, dans l'antiquité païenne, qu'elle fût un mal, et qu'il y eût quelque chose à changer dans cet état anti-social où le genre humain vivait depuis sa chute. C'est seulement à la lumière de l'Évangile que les hommes commencèrent à reconnaître qu'ils étaient frères, et que ce don ineffable de la liberté n'était pas le privilége de quelques-uns, mais le droit commun de tous. Il avait fallu que la charité descendît sur la terre pour leur apprendre que cette loi divine était, en naissant, gravée dans leur cœur, qu'il n'y avait, devant Dieu comme devant la raison, ni esclave ni maître, et que cette distinction factice, inventée par l'orgueil et par l'intérêt, devait, quelque profondes que fussent ses racines, quelque intime que fût sa liaison avec les formes de la société dans les temps antiques, s'affaiblir peu à peu dans les esprits pour disparaître enfin des lois et des mœurs. Quel champ d'études inépuisable pour le moraliste, pour le philosophe, pour le chrétien surtout, que la recherche des causes qui ont produit, entretenu, développé l'esclavage, avec son caractère partout identique et la variété infinie de ses nuances locales ! Quelle histoire que celle de ce pacte odieux que, depuis l'origine des temps historiques, l'esclavage avait conclu avec la guerre pour la faire servir d'instrument à l'iniquité, au lieu d'être, comme c'était sa destination providentielle, la force vengeresse du droit et de la justice. Mais que dire de cette transformation qu'avait subie l'esclavage dans nos temps modernes, pour trouver une sorte de renaissance là où il devait trouver sa mort et reparaître, sous le nom de traite, sur la terre d'Afrique, avec tout son cortége d'infamies et de crimes, au moment même où la diffusion du Christianisme achevait d'en effacer la dernière trace dans notre Europe ? Mais si ce fut alors la honte des nations européennes d'avoir transporté sur les continents nouvellement découverts de l'Amérique, avec le bienfait de la civilisation chrétienne, l'antique fléau de l'esclavage, ce fut, au xixᵉ siècle, l'honneur de la France et de l'Angleterre, d'avoir uni leurs efforts pour poursuivre sur les mers du monde entier et anéantir, s'il eût été possible, sur tous les rivages, ce trafic infâme dont l'abolition inaugura une ère nouvelle dans le droit des gens. Que d'espérances n'avait-on pas fondées sur ce concert de nobles efforts! N'allait-on pas jusqu'à augurer que l'esclavage pourrait s'éteindre de lui-même, quand sa source impure aurait été ainsi tarie, que les généreux exemples donnés par les grands États de l'Europe seraient suivis dans le monde entier, et que cette grande cause de l'affranchissement du travail serait gagnée partout sans nouveau combat.

La Providence n'a pas permis la réalisation de ce vœu. Elle a voulu que le crime des siècles passés trouvât son expiation dans le nôtre, et la guerre, reprenant son rôle de justice vengeresse est venue, avec son accompagnement douloureux de sang et de larmes, remporter sur le continent américain la dernière victoire au profit de la liberté contre la servitude, du droit contre la force, de la civilisation chrétienne contre la barbarie des premiers âges.

Pour qui s'étonnerait du temps qu'a mis à s'accomplir cette révolution fondamentale qui a changé la face du monde, il faut lire, dans le bel ouvrage de M. Wallon écrit en 1840, sur le programme d'un de vos concours académiques, la manière admirable dont s'est produit peu à peu la substitution du principe de la liberté individuelle au principe de la servitude humaine.

Après avoir décrit à quel degré d'abaissement était

tombée chez les peuples les plus civilisés de l'ancien monde la condition de la race esclave, et combien sous l'influence des mœurs produites par cette habitude invétérée de l'esclavage, les notions les plus simples de la raison s'étaient oblitérées et comme obscurcies dans les intelligences les plus hautes, dans les écoles de philosophie les plus renommées pour leur sagesse, telles que celles d'Aristote et de Platon, comment enfin jusqu'à ce monument immortel de justice et d'équité élevé par les grands jurisconsultes de l'ancienne Rome, n'avait pas échappé lui-même aux conséquences fatales de ce principe erroné qui séparait le genre humain en deux classes, dont l'une ne conservait de l'homme que la figure, sans la jouissance d'aucun droit civil. A l'exemple de l'illustre auteur de l'*Influence du Christianisme sur le droit romain*, M. Wallon étudie par quelles voies la doctrine de la liberté a fait son chemin dans le monde, à la limite de ces deux grandes époques de l'histoire.

Ce n'était pas, comme la religion de Mahomet, par les voies violentes de la force et du glaive que le christianisme devait faire la conquête des peuples. En introduisant dans la morale le principe de la charité, l'Évangile n'avait pas déclaré la guerre aux institutions sur lesquelles reposait le gouvernement de l'ancien monde. Il s'était proposé une œuvre bien plus haute et tellement impossible aux yeux des hommes que ni les Apôtres ni les Pères n'avaient conçu la pensée d'y

2

réussir sans l'intervention divine de la grâce ; celle d'*humaniser* l'esclavage, de plier tellement l'esprit des esclaves à l'obéissance et celui des maîtres à la douceur par l'action commune de la charité, que deux principes incompatibles dans leurs termes, et que tant de siècles de paganisme avaient cherché vainement à rapprocher, pussent sous le christianisme vivre ensemble. C'était en mourant que les premiers chrétiens avaient résolu le problème. Dans les combats du cirque, la liberté se trouvait du côté des martyrs ; l'esclavage, du côté des gladiateurs et des bourreaux. Mais cette lutte sanglante ne pouvait durer. Après l'ère des martyrs, vint celle des cloîtres et des affranchissements par les maîtres ou par la loi. A mesure que la foi chrétienne se répandit peu à peu dans ces nobles familles de Rome au pouvoir desquelles se trouvait la foule des esclaves, l'Église obtenait, par ses conseils et par ses exemples, que cette œuvre de rendre une âme chrétienne à la liberté fut considérée comme la première et la plus méritoire des œuvres charitables, comme le plus sûr moyen d'assurer le salut de ceux que la servitude exposait à tant de dangers.

En même temps, les progrès d'une philosophie plus compatissante et plus humaine préparaient les esprits des païens eux-mêmes à des sentiments plus en harmonie avec les principes de la nature, et, avant même que la foi chrétienne se fut assise sur le trône des

Césars, la jurisprudence impériale, par l'affranchissement progressif du travail, avait préparé celui des travailleurs. De ce doute vague où s'était arrêté Platon,
les doctrines philosophiques de Sénèque et de Marc-
Aurèle en étaient venues à des appréciations plus saines
de la condition de l'esclave par rapport à la liberté,
et si ce progrès n'était pas dû, comme l'ont pensé
quelques écrivains, à des communications directes
avec les premiers prédicateurs de l'Évangile, c'était
du moins, suivant la remarque de M. Wallon, « parmi
les ténèbres du paganisme, comme cette douce lumière
qui précède l'éclat du jour (1). »

Le plus difficile était donc fait ; le grand principe
de l'égalité des races humaines était admis par la conscience, lorsque les constitutions des empereurs chrétiens le firent passer dans le domaine de la loi. L'État
n'eût plus qu'à unir ses efforts à ceux de l'Église pour
continuer cette révolution sociale dont la merveille est
qu'elle s'acheva lentement, sans secousse et sans bruit,
par le concours d'une foule d'influences diverses dans
leurs formes, mais inspirées par le même esprit d'affranchissement et de liberté, tellement que les anna-
listes sont embarrassés de fixer une date précise au
plus mémorable des événements qui se soient accom-

(1) *Histoire de l'Abolition de l'Esclavage dans s l'antiquité*, t. III,
p. 12.

plis parmi les hommes, l'abolition complète de l'ancien esclavage dans l'europe chrétienne.

Pourquoi faut-il qu'à la conquête de l'Amérique recommence, sur les terres nouvellement découvertes, un autre esclavage, non moins inique dans son principe, aussi cruel et quelquefois même plus barbare encore dans ses procédés, non moins désastreux dans ses conséquences, mais qui, né à une époque où la religion chrétienne était dominante dans le monde, prétendait trouver dans cette circonstance même sa justification et son excuse, comme il invoquait, dans les conditions toutes particulières du travail aux colonies, un prétexte pour se perpétuer dans les îles et sur le continent américains.

C'est cette histoire que M. Cochin a conçu le dessein d'écrire, ou plutôt son beau livre *sur l'abolition de l'esclavage*, qu'il a dédié en 1861 à M. le duc de Broglie et qui lui a valu en 1865 son siége parmi vous, n'est pas seulement une histoire : c'est un plaidoyer dans lequel il s'agissait de gagner définitivement une grande cause qui attirait alors les regards du monde entier, et semblait encore indécise sur les champs de bataille des États-Unis où l'avait portée la dernière crise américaine.

Cette grande cause avait pour elle, nous l'avons déjà vu, les enseignements du christianisme ; ses dogmes qui, en nous présentant « le fils de Dieu incarné sous la forme d'un esclave, » avaient été la première et la plus haute réhabilitation de la condition servile ; sa charité qui, en faisant à chaque homme un devoir d'aimer son prochain comme soi-même, ne pouvait laisser subsister dans les esprits l'ancien ferment de discorde et de haine ; son exemple, car en admettant le maître et l'esclave à la participation des mêmes sacrements, l'Église avait posé le principe de l'égalité la plus absolue devant Dieu. Elle avait pour elle la philosophie ramenée, dans les temps modernes, à des notions plus saines sur ces questions générales d'humanité. Elle avait enfin pour elle, qui peut en douter, les principes éternels de la morale et du droit.

Que restait-il donc à démontrer, si ce n'est que, d'après les leçons de l'expérience et de l'histoire, l'intérêt lui-même, qui s'était porté dans tous les temps comme l'adversaire irréconciliable de l'émancipation des esclaves, se trouvait convaincu d'être passé, à l'heure où nous sommes, dans le camp contraire.

C'est à ce sujet que M. Cochin résolut d'ouvrir, devant le monde civilisé, une grande enquête, dans laquelle il ferait comparaître d'abord les peuples qui avaient déjà admis dans leurs lois le principe de la liberté, puis ceux qui à cette époque hésitaient encore ou s'en tenaient obstinément au vieux principe de l'esclavage.

Ce n'est pas sans un patriotique regret qu'il se serait vu forcé, par l'ordre inflexible des dates, à faire honneur à l'Angleterre du premier exemple d'une émancipation définitive et durable, donné par un grand peuple européen qui, ayant su conquérir et conserver depuis des siècles la liberté pour lui-même, se décide à octroyer le même bienfait à tous les hommes, quelle que soit leur race, qui vivent dans le monde entier sous son empire.

Pour revendiquer en faveur de son pays cette priorité glorieuse, M. Cochin place à la première page de son livre ce vote enthousiaste, unanime mais illusoire, du 16 pluviôse an II (4 février 1794), par lequel la Convention nationale *déclarait l'esclavage aboli* dans toutes les colonies françaises. Mais il lui faut, à la page suivante, enregistrer le pas douloureux fait en arrière par l'acte du 30 floréal an X, et reconnaître que le principe de l'abolition de l'esclavage, condamné à expier par de longs atermoiements une explosion trop hâtive, ne devait reparaître qu'après un demi-siècle dans nos lois (27 avril 1848) ; tandis que la patiente mais persévérante Angleterre, sachant attendre les progrès de l'opinion et temporiser pour réussir, après avoir vu rejeter pendant quinze ans la proposition faite, en 1792, par Wilberforce, pour l'abolition de la traite, avait remporté le 6 février 1807 ce premier triomphe de la morale et de la justice, suivi, vingt-six ans après, de l'émancipation totale de la race noire (bill du 28 août 1833).

Par l'émancipation anglaise, 800,000 créatures humaines avaient été rendues à la liberté dans les dix-neuf colonies de l'Angleterre ; 2 à 300,000 esclaves furent affranchis par la Constitution de 1848, dans les quatre colonies de la France.

L'expérience dont M. Cochin relate les résultats (en 1861) dans son livre avait donc déjà duré vingt-huit ans pour l'Angleterre. Elle remontait à treize années seulement pour la France.

Quelles n'avaient pas été, dans les deux pays, les sombres prévisions des adversaires de cette grande mesure ! Comme conséquences immédiates, ils en voyaient sortir le pillage, le meurtre, l'incendie ; comme conséquences prochaines, la ruine des colons par la cessation de tout travail, le retour des noirs à la barbarie par la nonchalance et la paresse.

Que répondent, au contraire, les témoignages recueillis par M. Cochin dans son enquête ?

« Le résultat, dit lord Stanley (1), a dépassé les
« espérances les plus vives des amis les plus ar-
« dents de la prospérité coloniale. Non-seulement la
« prospérité matérielle de chacune des îles s'est gran-
« dement accrue, mais, ce qui est mieux encore, il y
« a eu progrès dans les habitudes industrieuses, per-
« fectionnement dans le système social et religieux,

---

(1) *L'Abolition de l'Esclavage*, t. I, p. 387-388.

« développement, chez les individus, de ces qualités
« du cœur et de l'esprit qui sont plus nécessaires au
« bonheur que les objets matériels de la vie. Les nè-
« gres sont heureux et satisfaits: ils se livrent au
« travail : ils ont amélioré leur manière de vivre, aug-
« menté leur bien-être, et à mesure que les crimes
« ont diminué, les habitudes morales sont devenues
« meilleures. Le nombre des mariages a augmenté,
« l'instruction s'est répandue. Le succès de l'émanci-
« pation est complet, quant au but principal de la
« mesure. »

« D'autres nations, s'écriait Channing (1), se sont ac-
« quis une gloire immortelle par la défense héroïque de
« leurs droits. Mais on n'avait pas d'exemple d'une na-
« tion qui, sans intérêt, au milieu des plus grands obs-
« tacles, épouse les droits d'autrui, de ceux qui n'ont
« d'autre titre que d'être aussi des hommes et les
« hommes les plus déchus de la race humaine. Ce ne
« fut pas un acte de politique. Ce ne fut pas l'œuvre
« des hommes d'État. Le parlement n'a fait qu'enre-
« gistrer l'édit du peuple. La nation anglaise, avec
« un seul cœur, une seule voix, sous une forte im-
« pression chrétienne, a décrété la liberté de l'es-
« clave. »

« On fait trop d'honneur, reprend le duc de Bro-

____

(1) *L'Abolition de l'Esclavage*, t. I, p. 449-450.

glie (1), au gouvernement anglais, et on lui ferait trop d'injure en attribuant, de sa part, l'abolition de la traite, l'abolition de l'esclavage, soit à de hautes vues de sagesse et de prévoyance, soit à des combinaisons machiavéliques. Le gouvernement anglais n'a, sur ce point, ni devancé les temps, ni dirigé les événements ; il a résisté quinze ans à l'abolition de la traite, vingt-cinq ans à l'abolition de l'esclavage ; il a défendu pied à pied toutes les positions intermédiaires, et n'a cédé, dans chaque occasion, qu'à la nécessité.

« On ferait également trop d'honneur à la philosophie, à la philanthropie de l'Angleterre, en lui assignant le premier rôle dans cette grande entreprise. Les philosophes, les philanthropes ont figuré, sans doute, glorieusement au nombre des combattants ; mais c'est l'esprit religieux qui a porté le poids du jour et de la chaleur, et c'est à lui que revient tout l'honneur du succès. C'est la religion qui a véritablement affranchi les noirs dans les colonies anglaises.

« Il est arrivé dans ces colonies quelque chose de semblable à ce qui est arrivé jadis dans l'Empire romain. Au-dessus d'une société étroite, vieillie, oppressive et constituée uniquement au profit de la classe dominatrice, il s'est formé, par les soins et sous

(1) Tome I, p. 454-455-456.

« la protection des ministres de la religion, une société
« chrétienne uniquement composée des faibles, des
« pauvres, des opprimés; une société encore ignorante
« mais progressive, et qui s'est trouvée debout quand
« l'heure de l'affranchissement a sonné, prête à garder
« ses rangs et à reconnaître la voix de ses chefs. »

« C'est le propre des victoires légitimes et pures,
« ajoutait le Comte de Montalembert (1), de ne pas
« désespérer, de ne pas écraser, de ne pas humilier les
« vaincus. Admirons surtout le souvenir pacifique et su-
« blime de l'abolition de l'esclavage colonial par l'An-
« gleterre. Il n'y avait là en jeu qu'un grand intérêt
« moral, une réforme à conquérir lentement et laborieu-
« sement sur les habitudes les plus enracinées, les
« préjugés les plus invétérés, les intérêts les plus
« acharnés : elle a été conquise. Cette réparation de la
« plus grande des iniquités devait coûter au peuple
« Anglais 500 millions pour indemnités aux proprié-
« taires de nègres esclaves : ils ont été payés. Les
« premiers auteurs de cette grande réparation ont eu
« à lutter, non seulement contre la routine, mais encore
« contre la politique, contre le commerce, contre la
« marine marchande, contre l'industrie, contre tous
« les éléments les plus puissants de la grandeur bri-
« tannique : ils les ont vaincus. Ils n'ont eu à opposer

(1) *L'Abolition de l'Esclavage*, t. I, p. 457.

à toutes ces forces réunies que la seule force du sentiment moral, du sentiment religieux : elle leur a suffi.
Ils n'ont jamais reculé, jamais douté d'eux·mêmes,
et après trente ans de travaux, de mécomptes et de
calomnies, au jour fixé par les décrets éternels, Dieu
les a couronnés par le succès et par une gloire si
belle et si pure que mon cœur catholique et français
ne se console pas de la voir dérobée à la France et à
l'Eglise. »
Quelque minime que fût, comparativement avec les
oportions immenses de l'Empire colonial de l'Angle-
rre, l'espace occupé dans le monde par nos colonies,
ielque restreint que fut le nombre des esclaves dont
ffranchissement sortit, dès le premier jour, comme
cri de liberté, du gouvernement républicain de 1848,
xpérience du nouveau régime n'aura pas été moins
écisive. Jamais émancipation ne s'était faite dans des
rconstances plus fâcheuses. Ce n'était ni la sagesse,
i la prévoyance qui avaient manqué à une administra-
on vigilante; elle avait tout fait pour adoucir, régler,
viliser, en quelque sorte, l'esclavage. Mais les événe-
ents s'étaient joué de ces précautions et de ces len-
urs. On avait voulu liquider la dette des colonies,
ayer aux maîtres une indemnité préalable, fonder des
ospices et des écoles, construire des églises, ériger des
vêchés : la révolution de 1848 amena une crise
iolente et soudaine; pendant qu'on s'occupait d'orga-

niser le travail aux colonies, on essayait le socialisme
dans la métropole. Les théories les plus subversives de
l'ordre, de l'industrie, du commerce semblaient enva-
hir le sol de la France. Qu'arriva-t-il cependant? que
l'émancipation se trouva le seul moyen d'éviter ces ex-
trémités que l'on redoutait, et dont on voyait déjà dans
plusieurs colonies se réaliser les tristes pressentiments.
Où sont les victimes qu'elle a faites, les représailles
qu'elle a déchaînées? A la Martinique, à la Guadeloupe,
la révolution sociale a fait moins de mal que dans trente
de nos départements. A la Guyane, aucun trouble, malgré la facilité de fuir et de se cacher. A la Réunion,
pas un incendie, pas une vengeance, pas une faillite.

Sans doute la production a été réduite, le travail a
diminué; mais jamais la source n'en a été tarie. La
propriété a souffert; mais ces souffrances n'ont pas été
plus vives que dans d'autres parties du monde. Elles
ont duré, dit-on, plus longtemps; et cependant cinq
ans s'étaient à peine écoulés et le mouvement total des
affaires avait dépassé, dans nos quatre colonies, les chif-
fres antérieurs à 1848. Après dix ans, le chiffre de l'ex-
portation avait été triplé à la Réunion, dépassé d'un
tiers à la Martinique, atteint à la Guadeloupe. La
Guyane, devenue colonie pénitentiaire, exportait moins,
mais sans que le chiffre total de ses affaires eût cessé
de s'accroître.

Le succès moral de l'émancipation n'est pas moins

·ident à tous les yeux. Un nombre énorme de ma-
ages, de reconnaissances, de légitimations a inauguré
 reconstitution de la famille. Le noir, devenu proprié-
ire, paye l'impôt, se plie à toutes nos institutions fran-
ises. Les écoles sont pleines; la religion est respectée,
oûtée, pratiquée par ces nouveaux hommes libres qui
i doivent leur liberté.

Si l'Angleterre cite avec orgueil les noms illustres
i marquent chez elle les phases décisives de ce grand
ogrès, les Wilberforce, les Buxton, les Mac Gregor,
 Stanley, la France n'a-t-elle pas aussi à mettre en
rallèle d'autres noms qui appartiennent presque tous
votre Académie, et qui, en défendant la grande cause
 l'humanité, n'ont fait que s'associer à vos sympathies
s plus intimes ! Vous les nommez tous avec moi; je
en citerai qu'un seul, le duc de Broglie, à qui l'auteur
 l'Histoire de l'Esclavage dans l'antiquité, comme
uteur de *l'Abolition de l'Esclavage*, ont dédié tour à
ur leurs beaux ouvrages.

Pendant que M. Cochin rendait hommage à l'initia-
ve généreuse des deux grands peuples qui, après avoir
is en 1815 la tête de la Croisade ouverte par l'Europe
vilisée contre la traite, en ont poussé jusqu'au bout
s conséquences, et associait aussi à la mémoire de ce
enfait la Suède et le Danemark pour leur empresse-
ent à suivre ces nobles exemples (28 juillet 1847,
 juillet 1848), l'Amérique, restée avec l'Espagne, le

Portugal et la Hollande, en dehors de ce grand mouvement d'émancipation des Noirs, était le théâtre de la lutte la plus acharnée qui, depuis le commencement du monde, eut éclaté parmi les hommes, et cette lutte avait eu d'abord pour prétexte, et se trouvait avoir définitivement pour cause cette question humanitaire et vitale de l'esclavage.

Après avoir perdu lentement le terrain qu'il occupait dans notre Europe, après avoir reculé peu à peu et comme insensiblement devant les progrès du christianisme et de la civilisation victorieuse, l'ancien esclavage, né de la guerre, l'avait engendrée à son tour, et c'était sur les champs de bataille du nouveau monde qu'allait se vider par les armes ce litige qui, pendant tant de siècles, s'était débattu, dans les chaires et les écoles, par des raisonnements et par des livres.

L'élection du Président des États-Unis était le premier combat que s'étaient livré les États du Nord, d'un côté, les États à esclaves, de l'autre. Mais ce combat s'était encore livré sur le terrain légal de la constitution et du congrès.

Les propriétaires d'esclaves s'étaient flattés jusqu'à la fin qu'un nom favorable à leurs vues pourrait sortir de ce vote suprême qui, aux termes de la Constitution, devait avoir lieu *par États*. Mais lorsque le 20 décembre 1860, Abraham Lincoln, partisan déclaré de l'abolition de l'esclavage, fut proclamé Président des

ats-Unis, les États du Sud ne reculèrent pas devant
pensée de rompre violemment le pacte sur lequel
posait l'Union des États, et d'amoindrir ainsi, par un
rtage, ce que, par le commerce et par la paix, elle
ait déjà acquis de grandeur.

Dès le lendemain éclata cette guerre sanglante qui,
ndant quatre années de lutte, de désastres et d'hé-
ïques efforts, menaçait chaque jour d'emporter, avec
venir d'un grand peuple, une partie de l'avenir de
liberté sur la terre. Que l'Académie me permettre de
tacher ici une des pages éloquentes dans lesquelles
Cochin exposait, en 1861, les tristesses et les an-
isses de son âme.

« Ah ! qu'auraient dit, s'écriait-il, les immortels
auteurs de l'Indépendance Américaine, qu'aurait dit
Washington si, voyant avec une inexprimable admi-
ration les prodigieuses destinées de la nation qu'il
venait de fonder, devenue en moins de cent ans
l'une des maîtresses du monde, il avait en même
temps aperçu tristement à son front une souillure
que le temps ne ferait qu'élargir !

« On comprend l'esclavage dans les sociétés païennes,
on se l'explique encore dans les petites sociétés colo-
niales dont la place est si étroite dans ce monde. Mais
qu'une nation illustre, chrétienne, généreuse, éclairée,
qui possède des orateurs, des poëtes, des historiens,
des publicistes, des économistes, des romanciers, qui

« sait parler le langage du bon sens avec Franklin
« et celui de la pitié avec Channing, contienne, tolère
« justifie, autorise des hommes qui achètent d'autre
« hommes, des pères qui vendent leurs fils, des ma
« gistrats qui font la chasse aux esclaves, des femme
« qui ne servent qu'à reproduire des enfants qui seron
« vendus, des mœurs qu'aurait flétries, des lois qu'au
« rait réprouvées l'antiquité païenne, ah ! je ne croi
« pas qu'on rencontre dans l'histoire un démenti plu
« douloureux infligé à la sagesse humaine, et un mé
« compte plus dur imposé à de généreuses espérances
« Moins d'un siècle après une révolution qui ne fut s
« féconde que par ce qu'elle fut si honnête, on en vier
« à trembler que cette grande œuvre n'échoue, qu'un
« si jeune et si vigoureuse société ne soit prête à sor
« tir de la civilisation. »

Puis il ajoutait, dans son anxiété douloureuse (1) :

« Nous avons vu la décadence ; nous voyons la sépa
« ration ; nous verrons la guerre, une guerre abomi
« nable. Le Sud aura peut-être les premiers succès : le
« États intermédiaires, les vendeurs d'esclaves, aideror
« les acheteurs; Washington peut être pris, une insur
« rection peut éclater, mais tant de folies auront u
« terme. Ou bien le Nord aura été vainqueur et l
« triomphe de la force s'ajoutant à la victoire du droi

<hr>

(1) *L'Abolition de l'Esclavage,* t. II, p. 181, 182.

l'Union sera recomposée, le vœu des amis de l'humanité et des âmes patriotiques sera accompli ; l'esclavage sera frappé de mort.

« Ou bien le Sud l'emportera. Le seul fruit de sa victoire sera la séparation des États. Le Nord, affaibli peut-être, mais épuré, dégagé, relevé aux yeux de la chrétienté tout entière, reprendra le cours de ses destinées. Le Sud aura tous les embarras de sa honteuse victoire. »

Cette dernière page de M. Cochin explique l'enthouiasme dont il se sentait épris en racontant à un auditoire français la vie d'Abraham Lincoln, de ce président d'un peuple libre « entrant à 50 ans dans l'histoire par la porte magnifique du martyre, avec son nom plébéien illustré de trois rayons lumineux, car il avait tiré sa personne de l'obscurité pour l'élever à la gloire, il avait arraché son pays à la discorde pour le faire rentrer dans la paix, et il avait pris quatre millions de ses semblables dans les chaînes de l'esclavage pour les introduire dans la terre promise de la liberté. »

Il y a dans la vie d'Abraham Lincoln une circonstance que M. Cochin ne pouvait raconter sans émotion. C'était l'influence qu'avait eue sur le pauvre enfant la mort prématurée de sa mère (Nancy Hank). Le même malheur avait frappé M. Cochin ; à trois ans, il avait perdu Mlle Benoît d'Azy, sa mère. C'est à peine s'il

avait eu le temps de recevoir d'elle les premiers enseignements chrétiens qui devaient si bien fructifier dans
son jeune cœur ; elle était morte, victime de la terrible
maladie dont elle venait de sauver son fils. Abraham
Lincoln avait eu du moins la consolation de rendre les
derniers devoirs à sa mère, car il avait déjà dix ans : il
avait pieusement déposé sa dépouille mortelle au pied
de leur cabane qui ressemblait, dit un poëte américain,
*à un nid d'où l'oiseau s'est envolé, et sur lequel est
tombée la froide neige.*

Le seul livre que la mère d'Abraham lui eût laissé
en mourant était une Bible ; il y avait joint un exem-
plaire de la vie de Washington et un autre du célèbre
ouvrage de Blackstone. Cette bibliothèque ne lui suffi-
sait-elle pas pour apprendre ses devoirs envers Dieu,
envers son pays, envers ses frères ! A l'exemple de
Washington, Lincoln, en acceptant le pouvoir, ne
songea jamais à *en faire*, comme dit Byron, *un cercle
d'or pour couronner sa tête.*

La religion, la justice, la propriété, la famille étaient
à ses yeux comme quatre grands fleuves qui devaient
arroser la terre ; et comment un seul de ces principes
aurait-il pu rester debout en face de l'esclavage ! Quand
les fondateurs d'un État ont eu le malheur de laisser
l'injustice entrer dans les fondements de la société qu'ils
édifient, c'est comme un venin tombé dans une source et
qui empoisonne toutes ses ondes. C'était peu de chose

en apparence, dans la société américaine, que cette tache de l'esclavage, si petite alors, à laquelle on n'osait pas toucher, dont on s'abstenait même de prononcer le nom, de peur de rompre le lien si fragile de la confédération à la naissance. On espérait qu'en quelques années, cette tache disparaîtrait, comme une mauvaise herbe qu'il est inutile d'arracher avec la main et qu'il suffit de fouler aux pieds pour la faire mourir. C'est cependant cette mauvaise herbe qui, dans l'espace de cinquante ans, a tout envahi ; au Nord aussi bien qu'au Sud. Elle a gagné de proche en proche la nation tout entière; en refusant aux noirs, dans le Nord l'égalité, dans le Sud la liberté, le préjugé avait fini par inquiéter tous les vrais amis de ce grand peuple américain et par leur démontrer l'urgence de chasser de ses lois ce levain fatal d'injustice.

C'est à cette tâche grande et ardue que se dévoua l'âme si ferme et si résolue, mais en même temps si calme et si modérée d'Abraham Lincoln. C'est à ce fils d'ouvrier, à cet honnête homme nourri de la vie de Washington et de la Bible, qu'était réservée cette gloire de mettre son nom, le 1er janvier 1863, au bas d'un acte que M. Cochin appelle avec raison la page d'honneur du XIXe siècle.

« J'ordonne et je déclare que toutes les personnes
« tenues pour esclaves dans les États sont et seront
« désormais *libres*, et que le gouvernement, l'armée,

« la marine, feront reconnaître et maintenir leur
« liberté.

« Sur cet acte, regardé sincèrement comme un acte
« de justice, autorisé en cas de nécessité militaire par
« la Constitution, j'invoque la faveur de Dieu et la bé-
« nédiction du monde. »

L'année suivante fut, en effet, pour les États-Unis,
une année de triomphe : elle vit la prise de Richmond
par le général Grant, l'honorable capitulation du général Lée, et celle du général Johnson devant Scher-
man.

Lincoln, réélu président des États-Unis, fut installé
le 4 mars 1864 et fit, le 5 avril, son entrée solennelle
dans la ville de Richmond, aux acclamations de son
armée victorieuse et des pauvres noirs affranchis qui
baisaient les traces de ses pas.

Ce fut le 15 avril qu'il tomba mort sous les coups
d'un assassin. Dans le dernier message qu'il adressait
au congrès des États-Unis, se lisaient, au sujet des
événements accomplis pendant la guerre et de ceux
qui pouvaient en sortir encore, ces mémorables paroles :

« Les deux partis maudissaient la guerre, mais l'un
« aimait mieux faire la guerre que de laisser vivre la
« nation, l'autre que de la laisser périr ; et la guerre
« éclata.

« Il peut sembler étrange que des hommes osent

invoquer Dieu, en mangeant leur pain à la sueur du front d'autres hommes ; mais, pour ne pas être jugés, ne les jugeons pas nous-mêmes.

« Maintenant, si la volonté de Dieu est que la guerre continue, jusqu'à ce que toute la richesse acquise pendant deux cent cinquante ans par le travail des esclaves soit épuisée, et jusqu'à ce que chaque goutte de sang tirée par le fouet soit payée par une autre goutte de sang tirée par le sabre, il faut encore redire ce qui a été dit, il y a trois mille ans : les jugements du Seigneur sont justes et entièrement droits.

« Quoi qu'il en soit, travaillons à finir la tâche dans laquelle nous sommes engagés, à panser les plaies de la patrie, à récompenser ceux qui se battent pour elle, à faire tout ce qui peut amener et consolider une juste et longue paix. »

Ce fut sur ces nobles et belles paroles, les plus solennelles et les plus touchantes qui soient jamais tombées des lèvres d'aucun souverain dans ce monde, que s'endormit celui dont la mémoire a été saluée par le deuil de tout un grand peuple, dont la vie fut comme le triomphe de la liberté, et qui, dans sa mort glorieuse, semble avoir triomphé de nouveau par le martyre.

Parmi les états qui, en 1861, n'avaient pas encore voté l'abolition de l'esclavage, M. Cochin signalait l'empire du Brésil comme un de ceux où la population esclave, si longtemps accrue par l'odieux trafic de la traite, dont la suppression ne datait à cette époque que de dix années (1851), avait atteint le chiffre le plus élevé, et où cependant, sous l'influence de mœurs plus douces, le régime de l'esclavage était généralement modéré, où les tendances à l'émancipation se trouvaient répandues dans toutes les classes, développées de plus en plus par la presse, favorisées par le gouvernement lui-même.

Le nombre des esclaves employés au travail dans les diverses provinces de ce vaste empire qui occupe une si grande place dans l'Amérique du Sud, était, en 1848, de 2 millions contre 1,887,000 hommes libres : en 1866, le chiffre des esclaves était tombé à 1,500,000, tandis que la population libre était montée jusqu'à 9 millions 800,000. Un pas considérable a été fait, l'année dernière, dans la voie du progrès. Pendant que le souverain du Brésil, dont nos académies ont pu apprécier par elles-mêmes les vues élevées et les intentions libérales, continuait son voyage dans nos provinces, une loi nouvelle sur l'esclavage était soumise aux chambres par le vicomte de Rio-Blanco, président du conseil des ministres. Habilement soutenue par le gouvernement, cette loi, après une discussion approfondie, obtenait l'assentiment des représentants du pays. C'est madame la comtesse d'Eu, régente de l'Empire, qui, en l'absence de son auguste père, eut l'honneur de la promulguer le 28 septembre 1871. Le peuple en avait salué le vote, en couvrant de fleurs la tribune de l'assemblée.

Dans un article publié le 1er décembre 1871 par la *Revue des Deux-Mondes*, M. Cochin signale à la reconnaissance des amis de l'humanité les dispositions contenues dans cette loi décisive. Il n'y trouve pas cependant l'émancipation immédiate des esclaves, mais plutôt une sorte de promesse dont ils seront admis à profiter graduellement dans les conditions et les délais que le législateur a cru devoir leur imposer, pour garantir l'intérêt des maîtres et ménager la transition entre les deux régimes. Mais la justice à moitié faite ne peut manquer de s'achever bientôt, car son principe, une fois posé, s'impose aux sociétés humaines comme la logique : elles sont obligées d'en satisfaire jusqu'au bout les nobles exigences.

Sur cette terre comblée de biens par le Créateur, le développement du travail libre a déjà fait disparaître presque entièrement le travail des esclaves, à l'extrême nord et à l'extrême sud de l'empire.

La loi du 28 septembre 1871, en affranchissant immédiatement les esclaves qui sont la propriété de la Couronne, crée, pour favoriser le progrès, un *fonds spécial d'émancipation*, à la formation duquel l'État lui-même doit concourir. Elle exempte de tout droit les affranchissements volontaires, et permet aux esclaves eux-mêmes de se racheter par l'emploi de leur pécule.

Mais la disposition la plus importante est celle qui en déclarant libre, par l'effet de la loi, l'enfant qui naîtra d'une femme esclave depuis cette date heureuse du 28 septembre 1871, et en organisant pour lui, jusqu'à vingt et un ans, un régime mixte qui tient du servage et de la tutelle, promet enfin, à cet âge, de le mettre en possession plénière de tous les droits afférents à la liberté.

Quels que soient les regrets causés par l'absence de ce qui manque encore dans cette loi transitoire et incomplète, il est impossible de n'y pas voir une nouvelle victoire remportée par la civilisation chrétienne sur le continent américain. On peut dire, à l'honneur du Brésil, que le gouvernement et l'opinion y sont maintenant unanimes pour travailler à l'extinction de la servitude.

Il ne restera donc plus parmi les nations civilisées que l'Espagne dont le gouvernement s'obstine à maintenir, dans ses colonies américaines, cette institution décrépite et condamnée de l'esclavage. Cette violation de tout droit, de toute justice, dont les Espagnols ont donné les premiers l'affligeant spectacle dans les temps modernes, s'étale encore à Porto-Rico comme à Cuba, malgré la promesse des lois et, chose étrange pour le

Nouveau Monde! malgré les réclamations instantes des colons eux-mêmes.

Espérons que bientôt cette souillure, qui déshonore encore la politique de l'Espagne, aura disparu de ses lois comme de ses mœurs. Ce sera peut-être, à la fin du XIXe siècle, dit M. Cochin, le seul triomphe complet, la seule gloire sans ombre de notre génération si agitée.

Ou plutôt, comme il est impossible d'échapper à cette loi de l'humanité que la lutte entre le bien et le mal ne cessera jamais sur la terre : quand l'abolition totale de l'esclavage aura réalisé chez tous les peuples chrétiens cette liberté dont l'Évangile avait proclamé le principe et dont la civilisation chrétienne a poursuivi les applications jusqu'à leurs dernières conséquences, il faut s'attendre à voir renaître, chez les peuples que le christianisme n'a pas encore éclairés de sa lumière, les fruits détestables de ces passions barbares dont il a eu tant de peine à supprimer, même dans notre Europe, l'antique empire.

C'est ainsi que sur cette malheureuse terre de l'Afrique, où s'est recrutée si longtemps cette population esclave qui a défriché nos riches possessions du Nouveau Monde, les renseignements les plus récents des voyageurs signalent à l'attention de l'Europe certaines voies qu'aurait retrouvées, ou que se serait frayées vers l'Orient, une *traite nouvelle* destinée à alimenter d'esclaves les marchés de l'Égypte, de l'Arabie et de l'Inde.

M. Cochin se proposait de faire à l'Académie, sur cette renaissance de la traite orientale, une communication pleine d'intérêt, dont notre honorable collègue M. Giraud a bien voulu me transmettre les éléments; ils lui donneront l'occasion de vous développer quelque jour, sur les moyens d'éveiller à ce sujet la sollicitude des hommes d'État de l'Europe, quelques pensées qu'il avait échangées avec notre regretté confrère.

Je crains d'avoir déjà fatigué votre attention bienveillante, et cependant il me resterait encore à vous présenter l'analyse de bien des travaux qu'a produits cette vie si active, si occupée, de M. Cochin. Sans parler ici de quelques manuscrits sur des sujets religieux ou philosophiques, et d'une foule de notes jetées en passant sur le papier et que l'on a eu l'heureuse pensée de confier à l'un de ses plus intimes amis et de nos plus honorés confrères (1) pour en tirer, s'il est possible, la matière d'un ouvrage posthume du plus grand intérêt sur la philosophie morale ou religieuse, je dois me borner à dire quelques mots de ces discours improvisés dans toutes les salles de conférences, où M. Cochin allait chercher pour auditeurs ceux qui avaient le plus besoin d'être instruits, éclairés, moralisés par sa pa-

____

(1) M. le duc de Broglie, de l'Académie française.

role; de ces *articles* publiés au jour le jour dans des
Recueils qu'il aimait à rendre dépositaires habituels
de ses pensées. On y trouverait déjà, dans les collec-
tions recueillies si pieusement par les soins de sa famille,
— car pour lui ce soin d'avenir lui importait peu, —
une sorte de *Cours complet d'éducation* à l'usage des
ouvriers. Avant de se faire leur professeur, il avait
commencé par se faire leur ami. A l'exemple de ces
récits pleins de charme, dans lesquels un de nos plus
spirituels confrères entremêle à l'histoire de nos indus-
tries nationales l'étude la plus profonde de leurs secrets et les conseils les plus sages sur la manière de
faire fleurir dans les plus pauvres familles l'ordre et
l'économie, qui sont toujours les précurseurs de l'aisance et deviennent quelquefois les arrhes de la richesse, Augustin Cochin met d'abord sous les yeux de
ceux qui l'écoutent le tableau pittoresque et saisissant
des professions dans lesquelles se partage cette population ouvrière ou agricole qui est partout la force et
la nourricière des États.

Une fois maître de leurs sympathies, il les initie à
cette science de l'économie politique dont il avait fait
lui-même une étude si profonde; il sait donner à sa
parole cette forme nette et précise qui fixe dans l'esprit
les notions usuelles de la pratique, qu'il éclaire et qu'il
rectifie par les vues générales de la théorie. Il entre
avec ses auditeurs dans la recherche des moyens qui

peuvent, en ménageant le produit de leur salaire, assurer l'avenir de leur famille. Il pénètre dans les détails dont se compose le modique budget des travailleurs; il devient l'administrateur de leurs épargnes, le guide de leur gestion domestique; tantôt il prend conseil à ce sujet de toutes les expériences déjà faites, tantôt il invente des systèmes nouveaux de coopération ouvrière et réconcilie les ouvriers avec le capital, en leur apprenant à devenir, dans une certaine mesure, capitalistes eux-mêmes.

C'est ainsi que se formaient, au milieu même et en dépit de nos troubles civils, ces liens sympathiques qui rendaient M. Cochin si cher à tous ceux qui l'approchaient. Pendant qu'il négligeait le danger pour lui-même, les ouvriers des grandes usines dont il était administrateur, veillaient sur sa vie, et prenant pour eux la propre devise de sa famille (*Requiescite vigilo*), ils lui donnaient, aux plus tristes jours de la commune, un avertissement qui le sauvait à propos des mains toutes prêtes à le saisir.

Dans ce cœur où vibraient si bien ce que M. Cochin appelait les *cordes hautes* de l'intelligence humaine, la religion, la philosophie, le patriotisme, la liberté, la charité, comment n'aurait-il pas aussi trouvé sa place, ce sentiment poétique qui s'allie si naturellement à tout ce qu'il y a d'élevé dans nos sympathies, dans nos aspirations, dans nos goûts, qui, par une secrète vertu,

elève tout ce qui tendrait à s'abaisser, raffermit tout
e qui tendrait à faiblir, répand un charme indicible
ur tout ce qu'il touche, embellit tous les tableaux,
onsole toutes les douleurs, devient le foyer divin d'où
ayonnent toutes les espérances. Qui comprendrait l'en-
housiasme, l'improvisation, l'éloquence sans ce feu de
a poésie qui la fait naître ou qui l'anime, qui lui prête
es plus belles et ses plus vives couleurs, qui seule a
e don d'en graver les traits les plus saillants dans la
némoire par de gracieux et ineffaçables souvenirs.

C'est elle, on n'en peut douter, qui donnait aux
noindres paroles de M. Cochin un attrait irrésistible,
ui, au pied de sa tribune improvisée au hasard, sus-
endait à ses lèvres la foule attentive de ses auditeurs.
a belle conférence sur le poële américain Longfellow
ous en apprend le secret. « Toutes les fois, disait
x M. Cochin, qu'on prononce ce mot charmant *poésie*,
x *poëme*, il semble que l'imagination se porte d'elle-
x même au-devant d'une personne vivante, et pour
x employer le vieux langage, au devant d'une Muse.
x Oui, l'imagination enfante aussitôt l'image char-
x mante d'un être doué de vie et de grâce : elle en-
x tend une voix musicale, souple et cadencée qui se
x plie à toutes les délicatesses de la pensée; elle cher-
x che la flamme des yeux, de cet organe si parfait et
x si sensible qu'on ne sait vraiment s'il est encore ma-
x tière ou si c'est quelque chose qui s'allume à l'es-

« prit intérieur, qui se colore des clartés de l'âme
« elle-même. Ce que M. Cochin reprochait aux réa-
« lités de la vie, c'était de nous cacher les mondes, le
« monde délicieux de la nature, le monde invisible
« des idées, le monde céleste des croyances. Quel
« plaisir, s'écriait-il, de monter plus haut, de s'élan-
« cer vers les régions lumineuses, et si on ne peut
« abattre les murailles de notre prison, d'y ouvrir au
« moins quelques fenêtres donnant sur l'azur du ciel! »
Mais cette poésie qu'aimait M. Cochin n'était pas
une poésie languissante, mélancolique et rêveuse. Je
trouve, citées dans sa conférence de 1869, ces strophes
écrites à 19 ans par Longfellow : « Jouir, souffrir n'est
« pas notre destin. C'est *agir* qui, chaque matin nous
« trouve avancé d'un pas sur le chemin parcouru
« la veille. Dans cette grande bataille de la vie, ne
« sois pas comme un muet bétail qu'on pousse : sois
« un héros qui combat. Laisse le passé qui est mort
« enterrer ses morts : agis, agis dans le présent; appli-
« que tout ton cœur à chaque effort; n'achève une
« œuvre que pour en prendre une autre, prêt au tra-
« vail et plein d'espoir. » Mais il y avait surtout dans
les œuvres du poëte américain un mot qui, revenant à
chacune des strophes d'une pièce sublime, et semblant
monter avec l'âme et le courage, de degré en degré,
à travers tous les obstacles et toutes les tempêtes de la
vie, résumait comme un programme celle de notre ami,

enlevé si vite avant qu'il eût atteint, ce semble, le milieu seulement de sa course laborieuse : *Excelsior,
Excelsior.*

Dans sa conférence devant la société d'émulation de
Bruxelles, M. Cochin revient sur cette pensée que l'une
des créations les plus belles, dans ce monde invisible
dont le dogme figure au nombre des articles de notre
Credo, est cette poésie qui, par l'inspiration de nos livres saints, *fait parler* le monde visible lui-même dans
ce magnifique langage dont ils ont enrichi la langue
des hommes. « Mer, vaste mer, s'écriait-il, tu n'es pas
« seulement une route pour mon commerce, un sillon
« pour mon navire ; mais avec tes profondeurs, tes
« calmes sublimes, tes aspects brillants, avec tes
« écueils et tes orages, tu es à jamais l'image de ma
« vie. Nuages légers, vous n'êtes pas seulement le ré-
« servoir merveilleux d'où tombe à des jours donnés
« une pluie bienfaisante. Je converse avec vous. Marie
« Stuart a pu vous dire: Nuages, messagers de l'air,
« je suis captive, mais vous êtes libres : Allez de ma
« part saluer mon pays.

C'est par une image semblable que débutait
M. Cochin dans son discours devant l'assemblée géné-
rale des catholiques tenue à Malines en 1863.

« Au moment, disait-il, où notre cœur s'élance vers
« le ciel, notre patrie future, ayons toujours devant les
« yeux notre patrie présente. La France est pour moi

« comme l'intérieur de ma famille. Quand j'en suis ab-
« sent, je ne sais que lui envoyer de loin toutes les ten-
« dresses du cœur le plus fidèle. »

Puis il prenait pour sujet de son discours cette pensée, religieuse et philosophique à la fois, que *toutes les sciences prouvent Dieu*, que *tous les progrès servent Dieu*.

Dans les sciences qui démontrent l'existence de lois harmoniques au sein du monde créé, il trouvait la preuve d'un Dieu *sage*. Dans celles qui établissent le rapport des choses créées avec les besoins de l'homme, la preuve d'un Dieu *bon*. Dans les sciences morales, la démonstration de sa justice; dans les sciences politiques, la démonstration de sa toute-puissance et de sa liberté.

Chaque progrès, chaque découverte lui révélait une harmonie de plus dans la nature, et par conséquent une vérité de plus dans la définition que les saints livres nous donnent de son auteur.

L'Économie politique, mal comprise, semblait pouvoir à bon droit inquiéter les chrétiens, en prétendant tout réduire en ce monde à l'ordre matériel. Mais qu'est-il arrivé? à mesure qu'on avance dans cette belle étude, au bout du chemin on rencontre Dieu.

Ce que les *économistes* appellent *la loi de la population*, les chrétiens l'appellent la loi de la famille. Le remède qu'ils opposent au désordre, c'est le mariage chrétien, c'est la vertu.

Quand le *capital* est bien acquis, comment s'est-il formé ? par le travail, par la tempérance, par l'épargne, quelquefois même par le renoncement et le sacrifice : c'est-à-dire par la pratique d'autant de vertus.

Quant au *crédit*, qui le fait naître, qui le soutient, qui le développe ? N'est-ce pas encore sous divers noms une autre vertu ! la probité, la loyauté, la fidélité à la parole donnée, aux engagements pris, à l'honneur.

Après le progrès des sciences morales, M. Cochin, dans ce remarquable discours, apprécie au point de vue chrétien, les progrès réalisés dans le monde matériel par les grandes découvertes des temps modernes.

Suivant lui, l'affranchissement spirituel de nos âmes n'a pas été le seul fruit de ce mystère de la rédemption qui sert de base à tous les dogmes sacrés du catholicisme. Nos corps eux-mêmes auraient profité de cette délivrance, et l'homme, autrefois chargé de si lourdes chaînes, ressemblerait maintenant à un captif qu'un libérateur divin aide à briser un à un les anneaux qui pèsent sur ses membres.

Pendant que le télescope lui ouvrait les horizons du ciel, et la boussole les routes de l'Océan, que la découverte de l'Amérique ajoutait pour ainsi dire un supplément à la terre, et l'invention de l'imprimerie un supplément à la pensée, la machine à vapeur est venue *racheter* l'homme de la partie la plus pénible de son travail, en remplaçant pour lui (au xixe siècle *après*

J.-C.) les esclaves, *ces machines du* xixe *siècle avant* Jésus-Christ comme les appelait un poëte américain.

En même temps, une étincelle courant sur un fil *rachète* nos corps de la distance, tandis qu'un rayon de soleil, gouverné par une main d'artiste, en portant à nos familles notre image, semble nous *racheter* de l'absence.

Dans tous ces progrès matériels, dont chacun renferme aussi un progrès moral puisque, suivant la remarque si juste de M. Cochin, ils rendent la vie plus facile et plus agréable, le corps plus énergique et plus vigoureux, l'âme plus libre, ne peut-on pas voir un rétablissement progressif de l'antique alliance, *rompue par le péché*, des biens de la terre et des biens du ciel, c'est-à-dire la restauration du dessein primitif de Dieu, dans sa plus grande œuvre d'ici-bas, la création de l'homme.

Parmi les vœux émis à la fin de son discours, M. Cochin ne pouvait manquer de reproduire celui qu'il avait déjà formulé tant de fois pour l'émancipation des esclaves. La guerre entre le Nord et le Sud dans les États-Unis d'Amérique durait encore (21 août 1863). M. Cochin demandait que l'émancipation fut *prompte*, *prudente* et *pacifique*. L'année suivante, la promesse faite par le président Lincoln se trouvait réalisée et quatre millions d'esclaves noirs étaient définitivement émancipés sur la terre américaine.

Nous avons déjà vu comment **M.** Cochin avait pris acte de ce triomphe. Si son zèle de moraliste et de chrétien s'était pris d'une ardeur si vive pour plaider, devant le monde civilisé, cette grande cause de l'esclavage, quelles émotions ne dut pas ressentir cette nature si généreuse et si française en présence des désastres inouïs de la France ! L'humiliation de nos armes, le démembrement de nos provinces ont pu briser son âme mais non déconcerter ou abattre son noble cœur. M. Cochin s'est cru plus fort qu'il n'était: il ne sentait pas que les sources même de sa vie avaient été atteintes par ses patriotiques douleurs. N'est-ce pas à la France qu'il avait consacré dès sa première jeunesse, ses pensées, ses études et ses travaux ! Dans le moment où s'organisait la défense du sol, il avait couru lui-même, avec un de ses fils, aux remparts ; il avait envoyé à nos régiments son fils aîné. Il n'hésita pas davantage à vouer tout ce qu'il avait d'énergie, d'activité, de courage au grand œuvre qui se tenta quelques jours plus tard pour réorganiser, dans le pays sauvé des fureurs de la Commune, cette administration française qui avait été considérée longtemps comme une de nos gloires.

Ce noble appel, M. Cochin l'entendit. La préfecture de Versailles était vacante ; il accepta ce poste dont il ne devait connaître que les charges et les soucis, faisant comme toujours bon marché de ses honneurs.

Mais il y avait là du bien à faire, des misères cuisantes à soulager, des questions compliquées à résoudre, un patronage tutélaire à exercer en faveur de populations ravagées par la guerre, une direction à donner à des volontés pleines d'initiative et d'énergie. Ce fut assez pour que M. Cochin entreprît résolûment cette tâche laborieuse dans laquelle le soutenaient une illustre amitié et la conscience des services qu'il rendait à son pays, en appliquant aux difficiles problèmes de la réorganisation sociale les saines théories étudiées à votre école et l'expérience personnellement acquise dans la gestion des plus grandes affaires de l'Industrie.

Mais ses dernières forces, usées par ce dévoûment patriotique, allaient le livrer sans défense à la cruelle maladie qui vint bientôt après terminer inopinément cette belle vie. Inopinément pour nous ! Car pour lui, son grand cœur, si prêt à accepter tous les devoirs et tous les dévouements de la vie, n'était pas moins prêt à accepter, lorsqu'il plairait à Dieu, la maladie et la mort, non-seulement avec résignation et courage, mais, comme tous les grands chrétiens, avec amour. Je n'en veux pour témoins que ces paroles de sainte Thérèse, que dans ses derniers jours il avait sans cesse à la bouche : *Seigneur, il est bien temps de nous voir.*

Il semblerait même qu'un secret pressentiment lui aurait fait juger, à l'avance, que ce moment suprême approchait. Madame Cochin a trouvé ces mots écrits dans des notes préparées pour un discours de conférence : *Dans deux ans je serai mort, c'est pourquoi je parle.*

Augustin Cochin était né à Paris le onze décembre 1823 ; il est mort à Versailles le 15 mars 1872.

L'Église perd en lui un de ses plus tendres fils, un de ses plus vaillants défenseurs, la patrie un de ses plus dévoués citoyens, l'Académie un de ses membres les plus assidus, les plus sympathiques, les plus aimants et les plus aimés.

Et comment M. Cochin n'aurait-il pas aimé l'Académie? C'est là qu'il a conquis les premières et (si un mot de plainte pouvait trouver place dans l'éloge d'une si douce mémoire) les *seules* palmes électorales dont ait été parée sa vie. Avec ce tact exquis qui la distingue, l'Académie lui avait ouvert de bonne heure ses portes si enviées. Elle avait discerné dans cette parole facile, émue, spirituelle, persuasive, entraînante, un assemblage de rares qualités qui faisaient pressentir l'éloquence la plus élevée, bien qu'elle se dissimulât modestement sous la forme d'une *charmante causerie :* mais c'était déjà cette causerie académique qui aborde avec aisance tous les sujets, qui intéresse à tout ce qu'elle raconte, qui traite sans la moindre aigreur les questions les plus brûlantes, qui, en défendant ses convictions, comme son bien le plus précieux, sait être pleine de délicatesse pour les convictions contraires et de ménagements pour les personnes. Aussi avec quel abandon

M. Cochin se plaisait à rendre ses confrères de l'Institut confidents de ses plus intimes pensées, à les tenir au courant de ses études et de ses occupations du dehors, à les introduire avec lui dans les ateliers de saint Gobain pour leur faire admirer, moins les chefs-d'œuvre de la haute industrie que les qualités morales de ces ouvriers laborieux dont la foule attristée entourait, l'autre jour, à Saint-Thomas d'Aquin son cercueil.

Présidait-il, comme membre du Jury international, à cette solennelle exposition du Champ de Mars dont les brillants souvenirs restent comme un contraste douloureux dans nos pensées, il venait quelques jours après, dans un récit original et touchant, nous intéresser à celui de tant de peuples divers qui pouvait paraître le plus malheureux, et nous montrer dans le missionnaire chrétien évangélisant les Esquimaux « le « seul être qui s'occupât dè tendre la main à ces der- « niers rejetons abandonnés de la race humaine. »

Prenait-il, comme un champion toujours vaillant et toujours prêt, la défense de la ville de Paris dont la cause ne cessa jamais, quoi qu'il advînt, d'être sienne, c'est devant vous qu'il exposait les titres de gloire et les misères, les devoirs et les intérêts de cette grande cité ; qu'il cherchait les moyens de résoudre les difficiles problèmes de sa position exceptionnelle en la comparant avec toutes les autres grandes Capitales du monde civilisé ; et au moment où les priviléges de ce titre lui étaient contestés au nom des intérêts même de la France, c'était vous qu'il prenait à témoins de ce droit antique, attesté par tous les siècles de notre histoire, et que semblaient fortifier encore non-seulement le spectacle des splendeurs nouvelles de son enceinte agrandie mais le souvenir tout récent de son courage et de ses malheurs.

Avec un cœur ainsi fait, M. Cochin était digne d'avoir des amis. C'est un trésor dont le Ciel, qui devait compter si rigoureusement le nombre de ses jours, n'a pas été du moins avare envers lui. Pour ne parler ici que de ceux dont l'affection avait fait le bonheur de ses plus belles années, et dont les deuils se sont échelonnés tristement jusqu'à sa dernière station parmi nous, qui ne lui envierait d'avoir eu pour amis Lacordaire, Ozanam, l'abbé Peyreve, le comte de Montalembert, le P. Gratry !

Il en est un autre, non moins illustre, qui nous reste et dont le nom, que la douleur m'empêche ici de prononcer, restera inséparable du souvenir de M. Cochin, car en lui la religion et l'amitié se sont unies pour adoucir et fortifier la mort de celui dont elles avaient si souvent soutenu et consolé la vie.

Notre regretté confrère n'était pas moins heureux dans sa famille que dans ses amis. Si son patriotisme avait eu besoin d'être animé par un grand exemple pour faire passer avant tout le dévoûment à son pays, si sa charité avait eu besoin de se retremper dans une autre âme pour ne pas laisser refroidir en elle l'amour des pauvres, le soin de tout ce qu'il y a de malheureux, de souffrants, de déshérités de la fortune, d'éprouvés ici-bas par les privations et le travail, ni ce grand exemple, ni cette grande âme ne manquaient autour de M. Cochin dans la noble famille déjà la sienne par droit de naissance, et devenue doublement la sienne par son mariage avec Mlle Benoît-d'Azy, sa cousine.

Ce qu'enfin sa mort laisse d'inachevé dans l'accomplissement de sa tâche d'ici-bas, ses trois fils sont là pour l'accomplir en suivant ses traces, et prenant comme lui pour devise : la foi chrétienne, le dévoûment infatigable à tous les devoirs publics ou privés, et cette modération si libérale et si conciliante qui lui a valu d'être aimé et pleuré par tous ceux qui ont connu sa belle âme et son noble cœur.

PARIS. — IMP. VICTOR GOUPY, RUE GARANCIÈRE, 5.

www.ingramcontent.com/pod-product-compliance
Lightning Source LLC
Chambersburg PA
CBHW062308070726

47596CB00009B/876